◆江苏现代农业(水禽)产业技术体系·疾病防控岗位

水禽常见疫病流行特点及综合防控

主　编　董永毅

编著者　徐正军　吴　坤　徐小艳　任雪枫
邱　冬　徐　步　张小飞　张敬峰
张　炜　吴　瑛　王光奎　薛敏开
刘兴超　吴建林　严　敏　蒋彩霞
朱水明　姚伟民　杨　杨　罗宇东
刘宏伟　李　瑛　韦玉勇　龚建森

审　稿　孙卫东

江苏凤凰科学技术出版社 · 南京

图书在版编目（CIP）数据

水禽常见疫病流行特点及综合防控 / 董永毅主编.
—南京：江苏凤凰科学技术出版社，2021.5（2025.1重印）
ISBN 978-7-5713-1622-8

Ⅰ.①水… Ⅱ.①董… Ⅲ.①水禽－动物疾病－防治
Ⅳ.①S858.3

中国版本图书馆CIP数据核字（2020）第258826号

水禽常见疫病流行特点及综合防控

主　　编　董永毅
责任编辑　张小平
责任校对　仲　敏
责任监制　刘文洋
责任设计　徐　慧

出版发行　江苏凤凰科学技术出版社
出版社地址　南京市湖南路1号A楼，邮编：210009
出版社网址　http://www.pspress.cn
制　　版　南京紫藤制版印务中心
印　　刷　江苏凤凰数码印务有限公司

开　　本　880 mm × 1240 mm　1/32
印　　张　1.75
字　　数　40 000
版　　次　2021年5月第1版
印　　次　2025年1月第6次印刷

标准书号　ISBN 978-7-5713-1622-8
定　　价　10.00元

前　言

近年来，随着水禽产业转型升级和人们膳食结构的多样化需求变化，水禽产品市场呈现产销两旺态势，水禽产业正逐渐成为畜牧业新的发展力量。江苏作为东部沿海省份，位于长江、淮河下游，江、河、湖泊、沟、渠、池塘等分布广泛，适宜水禽饲养的水面、滩涂、草场、草坡等资源丰富，是鸭、鹅等水禽生产和消费大省。全省年均水禽肉产量50多万吨，鸭蛋产量20万吨左右，总产值约140亿元，已超过全省家禽总产值的20%。2018年非洲猪瘟传入我国以后，作为猪肉替代品的禽肉需求上升，带来了一波家禽包括水禽养殖的快速发展。与此同时，鸭、鹅等水禽疫病的发生和流行也比以往有所抬头，水禽疫病越来越受到生产者及专家学者的关注和研究。

江苏现代农业（水禽）产业技术体系疾病防控创新团队组建于2017年，成员涵盖科研院所、技术推广部门和生产企业，是一支“产学研推”有机融合的队伍。队伍成立以来一直致力于水禽疫病防控的研究和技术推广，在不断实践中探索新技术、推广新方法。本书分析了当前水禽疫病流行特点，对常见多发的12种疫病做了全面介绍，并提出水禽疫病应坚持“治未病”的理念，坚持预防为主，坚持综合防控。希望通过我们的努力尝试，能为广大水禽养殖者开展疫病防控提供一些参考，共同发展壮大水禽产业。

本书的出版，得到了江苏现代农业（水禽）产业技术体系句容、丰县基地的大力支持，得到了水禽产业技术体系各位专家的指导帮助，特致谢意。

由于编者水平有限，书中难免有错漏之处，敬请广大读者批评指正。

编著者

2020 年 12 月

目　录

第一章　水禽疫病流行现状

做好疫病防控是水禽产业发展的基础和保障。随着产业的快速发展，鸭、鹅等水禽饲养品种增多，养殖密度增加，加之饲养方式的改变、饲养条件粗放、环境和水体污染以及产品流通不规范等因素，导致水禽疫病的危害日益凸显，防控形势不容乐观，主要表现在以下几个方面：

1. 疫病种类不断增多

除了禽流感、鸭疫里默氏杆菌病（鸭传染性浆膜炎）、鸭病毒性肝炎、鸭瘟、大肠杆菌病等常见疫病外，近年来出现了不少新发病，比如鸭坦布苏病毒病、鹅痛风病、鸭短喙－侏儒综合征、圆环病毒病、鸭白肝病（腺病毒）等。

2. 病原变异或致病性发生变化

禽流感、小鹅瘟、鸭病毒性肝炎、呼肠孤病毒病、霉形体病等已有疫病病原发生变异，出现新的变异株或感染形式，导致老的疫病出现新的特点，有的发病日龄明显改变，有的流行特点、临床症状和病理等均发生变化，增加了疫病诊断的难度。

3. 疫病混合感染较为多见

细菌与细菌、细菌与病毒、细菌与寄生虫等多种病原协同作用，导致混合感染、并发感染、继发感染等经常发生，同一种疫病可同时分离到多种病原，给养殖者有针对性地采取措施、迅速控制和治疗疫病带来不利影响。

4. 细菌的耐药现象增多

由于抗生素的大量持续使用等原因，导致细菌的抵抗能力增强，对常见抗生素不再敏感。据调查，大肠杆菌、鸭疫里默氏杆菌等细菌对常规的青霉素、环丙沙星等抗生素的耐药率均达 70% 以上。

5. 霉菌与霉菌毒素等的危害依然存在

在粗放的养殖方式和条件下，霉变饲料问题尚未得到彻底解决。黄曲霉毒素、玉米赤霉烯酮、赭曲霉毒素等毒素中毒病例时有发生，不但危害水禽的健康养殖，甚至威胁到食品卫生安全。

总之，当前水禽疫病呈现出复杂多发等特点。究其原因，主要是因为大部分水禽养殖场(户)养殖模式仍然相对落后，饲养管理比较粗放，防疫意识不强，生物安全措施不到位等，需要引起水禽养殖从业者的重视，并不断加以改进。

第二章 水禽主要疫病

一、禽流感

禽流感(avian influenza, AI)是由A型流感病毒引起的一种能引起禽类以呼吸系统疾病、产蛋量下降乃至急性致死和高死亡率等为特征的烈性传染病,给养禽业带来重大经济损失,而且可导致人类的感染和死亡。禽流感的发病形式多样,可表现为无致病性感染、低致病性感染和高致病性感染。世界动物卫生组织(OIE)将高致病性禽流感列为必须报告的动物疫病,我国将其列为一类动物疫病。

(一)病原学

禽流感的病原为禽流感病毒,其亚型众多,其中血凝素(HA)有16种亚型(H1~H16),神经氨酸酶(NA)有10种亚型(N1~N10),不同亚型的抗原性有不同程度交叉,同一亚型还有不同的变异株,使得防控难度加大。禽流感病毒在外界环境中存活能力较差,常用消毒剂如醛类、含氯消毒剂、酚类、氧化剂、碱类等均能将其杀死。

(二)流行病学

禽流感的潜伏期从数小时到数天不等,最长可达21天。潜伏期的长短受多种因素影响,包括病毒毒力、感染的病毒量、禽体抵抗力、日龄大小和品种、饲养管理情况、营养状况、环境卫生、应激因素等。

传染源主要是病禽和带毒禽。病毒存在于病禽和带毒禽的消化道、呼吸道和脏器组织中，可随眼、鼻、口腔分泌物及粪便排出体外。

禽流感的传播方式有健康禽与病禽直接接触和与病毒污染物间接接触 2 种。含病毒的分泌物、粪便、病死禽尸体污染的物体，如饲料、饮水、禽舍、空气、笼具、运输车辆以及各种携带病毒的鸟类等均可机械性传播。健康禽可通过呼吸道和消化道感染，引起发病。候鸟的迁徙可将禽流感病毒从一个地方传播到另一个地方，通过污染环境（如水源）等造成禽群的感染和发病。带有禽流感病毒的禽群和禽产品的流通也可以造成传播。

高致病性禽流感一年四季均可发生，但多发于冬季和春季。各种品种和不同日龄的禽类均易感，其发病急、传播快，病死率可高达 100%。

（三）临床及实验室诊断

1. 临床症状

高致病性毒株引起的禽流感，潜伏期为 3~5 天，病禽体温迅速升高达 41.5 ℃以上，拒食，头部、颈部常出现水肿。有的病死水禽喙部发绀、腿部鳞片状出血。病禽很快陷于昏睡状态，常于症状出现后数小时内死亡，病死率接近 100%。鸭、鹅可见神经症状和腹泻，有时可见角膜炎症，甚至失明。

低致病性毒株引起的禽流感通常呈现体温升高，精神沉郁，饮食减少，消瘦，蛋禽产蛋率下降。呼吸道症状表现不一，如咳嗽、喷嚏、啰音，甚至呼吸困难。病禽流泪，羽毛松乱，身体蜷缩，头和颜面部水肿，皮肤发绀，有的有神经症状及腹泻。

2. 病理变化

高致病性毒株的病例，头面部水肿，并伴有窦炎和充血。内脏变化差异较大，有的毒株引发肝、脾、肾的坏死灶，有的毒株引起浆膜及黏膜面的小点状出血，十二指肠和心外膜出血，尤其是腺胃乳头及黏膜出血严重。

低致病性毒株的病例,可能有轻微的窦炎,表现为卡他性、纤维素性、浆液-纤维素性、脓性或干酪性炎症。气管黏膜有轻度水肿,并伴有数量不等的浆液性或干酪样渗出物。有时气管黏膜出血,含有血凝块。气囊炎,表现为囊壁增厚,或有纤维素性及干酪样渗出物。蛋禽的卵泡畸形、萎缩,输卵管也可见有渗出物,有的病禽可见纤维素性腹膜炎及卵黄性腹膜炎,有的病禽肾脏肿大,有尿酸盐沉积。

3. 实验室诊断

本病确诊需进行实验室诊断。常用方法有血凝(HA)和血凝抑制(HI)试验、琼脂凝胶免疫扩散(AGID)试验、病毒分离培养、逆转录-聚合酶链式扩增反应(RT-PCR)或荧光 RT-PCR、核酸依赖性扩增检测(NASBA)等。非免疫禽 H5 或 H7 的血凝抑制(HI)效价达到 2^4 及以上;H5 或 H7 亚型病毒分离阳性;H5 或 H7 特异性分子生物学诊断阳性;任何亚型病毒静脉内接种致病指数(IVPI)大于 1.2,均可确诊为高致病性禽流感。

(四)预防

对禽流感的预防必须采取综合性措施。包括:养殖场远离居民区、集贸市场、交通要道以及其他动物生产场所和相关设施等;不从疫区引进种蛋和种禽;对过往车辆以及场区周围的环境,孵化厅、孵化器、笼具、工作人员的衣帽和鞋等进行严格的消毒;采取“全进全出”的饲养模式,严防水禽与野鸟的接触;在养殖场中专门设置供工作人员出入的通道,对工作人员及其常规防护物品进行可靠的清洗及消毒;严禁一切外来人员非经相关程序进入或参观养殖场区。

疫苗免疫是比较可靠的办法。根据疫病流行情况,可选用重组禽流感病毒(H5+H7)三价灭活疫苗(H5N1 Re-11 株 +Re-12 株,

H7N9 Re -2 株)进行免疫。肉用水禽:14 日龄首免,40 日龄二免,超过 50 日龄时,可于 80 日龄三免。蛋用和种用水禽:15 日龄首免,40 日龄二免,80 日龄三免,开产前 2 周四免。疫苗免疫后,定期进行血清抗体监测以保证疫苗的免疫预防效果确实可靠。

二、小鹅瘟

小鹅瘟是由鹅细小病毒引起的雏鹅的一种急性或亚急性败血性传染病。病雏鹅临床表现为精神委顿、食欲废绝、严重下痢,有时出现神经症状,病死率高。本病传播快,发病率和病死率可高达 90%~100%,是严重危害养鹅业的重要传染病之一。

(一)病原学

鹅细小病毒(goose parvovirus, GPV),在我国原称为小鹅瘟病毒,属细小病毒科细小病毒属。国内外分离到的毒株抗原性基本相同,仅有一种血清型。

病毒对环境的抵抗力强,对乙醚等有机溶剂不敏感。对 2%~5% 的氢氧化钠、10%~20% 的石灰乳敏感。

(二)流行病学

各品种的鹅均易感,包括白鹅、灰鹅、狮头鹅和雁鹅等。其他动物除番鸭外,均无易感性。鹅的易感性随年龄的增长而减弱。1 周龄以内的雏鹅病死率可高达 100%,10 日龄以上的病死率一般不超过 60%,20 日龄以上的发病率低,1 月龄以上的极少发病。

病鹅的内脏、脑、血液及肠管内均含有病毒。病雏鹅从粪便中排出大量病毒,病毒通过直接或者间接接触,经消化道感染并迅速传播全群。健康鹅主要通过与病鹅直接接触或与病鹅排泄物污染的饲料、饮水、用具和场地等间接接触而感染。带毒种鹅可通过种蛋将病毒垂直传染给孵化器中的易感雏鹅，造成雏鹅在出壳后 3~5 天内大批发病和死亡。被带毒种蛋污染的孵化室和孵化器对传播该病起到重要作用。

本病全年均有发生，但多发生于冬末春初，主要侵害 3~20 日龄的雏鹅。鹅群发病呈暴发流行，发病突然，传播迅速，具有高度的传染性和病死率。饲养管理水平低，育雏温度低，鹅舍地面潮湿，卫生环境差，鹅只日龄小，均会导致鹅群发病率较高。饲料中蛋白质含量过低，缺乏多种维生素和微量元素等，均能诱发和加剧本病的发生和死亡。患病的鹅群，若有混合感染或继发感染，则其发病率和死亡率明显高于本病的单一感染。

（三）临床和实验室诊断

1. 临床症状

本病潜伏期为 3~5 天，以消化系统和中枢神经系统紊乱为主要表现。根据病程的长短不同，临床诊断可将其分为最急性型、急性型和亚急性型 3 种。

最急性型：多发生于 3~10 日龄的雏鹅，通常不见任何前驱症状，突发败血症而死亡，或在发生精神呆滞后数小时即呈现衰弱，倒地划腿，挣扎几下就死亡；病势传播迅速，数日内即可传播全群。

急性型：多发生于 15 日龄左右的雏鹅，患病雏鹅表现精神沉郁，食欲减退或废绝，羽毛松乱，缩颈，闭眼呆立，离群独处，不愿走动，行动缓慢；虽能随群采食，但所采得的草料并不吞下，随采随丢；病雏鹅鼻孔流出浆液性鼻液，沾污鼻孔周围，病鹅频频摇头；进而饮水量增加，逐渐出现拉稀，排灰白色或灰黄色的水样稀粪，常为米浆样浑浊且带有气泡或有纤维状碎片，泄殖腔周围绒毛被沾污；喙端和脚蹼颜色变暗（发绀）；个别患病雏鹅临死前出现颈部扭转或抽搐、瘫痪等神经症状。据临床所见，大多数雏鹅呈现急性发病，病程一般为 2~3 天，随患病雏鹅日龄增大，病程渐变或转为亚急性型。

亚急性型：通常发生于流行末期或 20 日龄以上的雏鹅，其症状轻微，主要以行动迟缓，走路摇摆，拉稀，采食量减少，精神状态略差为特征。病程一般为 4~7 天，有的更长，有极少数病鹅可以自愈，但自愈雏鹅吃料不正常，生长发育受到严重阻碍，成为僵鹅。

2. 病理变化

最急性型病例，剖检时仅见十二指肠黏膜肿胀充血，有时可见出血，在其上面覆盖有大量的淡黄色黏液；肝脏肿大，充血、出血，质脆易碎；胆囊胀大、充满胆汁，其他脏器的病变不明显。

急性型病例，剖检时可见肝脏肿大，充血、出血，质脆；胆囊胀大，充满暗绿色胆汁；脾脏肿大，呈暗红色；肾脏稍肿大，呈暗红色，质脆易碎。肠道有明显的特征性病理变化：病程稍长的病例，小肠的中段和后段，尤其是在卵黄蒂与回盲部的肠段，外观膨大，肠道黏膜充血、出血，发炎坏死脱落，与纤维素性渗出物凝固形成长短不一（2~5 cm）的栓子，体积增大，形如腊肠状，手触腊肠状处质地坚实，剪开肠道后可见肠壁变薄，肠腔内充满灰白色或淡黄色的栓子状物（俗称“腊肠粪”，是小鹅瘟的一个特征性病理变化）。也有部分病鹅小肠中后段未见明显膨大，但可见到肠黏膜充血、出血，肠腔内有大量的纤维素性凝块和碎片，未形成坚实栓子。

3. 实验室诊断

本病确诊需进行实验室诊断。常用方法有病毒分离鉴定、琼脂凝胶免疫扩散试验、间接酶联免疫吸附试验（ELISA）、鹅胚中和试验等。

（四）防治

（1）加强消毒灭原　全场定期（建议每周 1 次）消毒，针对垫草、料槽、场地，用百毒杀等进行喷雾消毒。对病死鹅要做深埋，并加入消毒粉（如三氯异氰尿酸钠、生石灰等）处理。

（2）严把生物安全关　把好引种关，引进健康鹅，防止带入疫病，已引进的种鹅或苗鹅要隔离饲养观察；对种蛋、孵化器具及所用设备均要严格清洗、消毒；加强饲养管理，注意鹅舍通风干燥，冬天防寒保暖，增强鹅体的抗病力等。

（3）做好雏鹅免疫　未经免疫的雏鹅可用小鹅瘟病毒卵黄抗体进行预防和治疗。出壳后 48 小时内进行免疫，每只雏鹅皮下注射用无菌生理盐水稀释的活疫苗 0.1 mL（1 羽份），免疫 9 天后能抵抗小鹅瘟强毒的自然感染和人工感染。

（4）重视母鹅免疫　利用小鹅瘟活疫苗给成年母鹅进行预防注射是预防本病最经济有效的方法。于产蛋前 15 天肌肉注射小鹅瘟种鹅用活疫苗 1 mL（1 羽份），母鹅于免疫后 15~90 天内所产种蛋孵出的雏鹅在 30 日龄之内能抵抗小鹅瘟强毒的自然感染和人工感染。

附：鸭短喙－侏儒综合征

2014 年下半年以来，在我国华东地区暴发了一种商品肉鸭以生长迟缓、鸭喙变短、舌头外露下垂、跛行、瘫痪、拉稀以及翅腿易折断为主要临床特征的传染性疾病。剖检时可见发病鸭胰腺、肺脏和胸腺等组织出血。组织病理学变化主要表现为心脏、胰腺、肾脏、肺脏和肝脏等组织细胞变性、坏死以及充血、出血。病原为鹅细小病毒，是一种新型的小鹅瘟病毒。

防治：早期感染鸭皮下注射小鹅瘟高免血清，每只 0.5 mL；治疗注射每只鸭 1.0~1.5 mL，但疗效不佳。

三、鸭病毒性肝炎

鸭病毒性肝炎（duck viral hepatitis，DVH）是由鸭肝炎病毒引起的雏鸭的一种传播迅速和高度致死性传染病。主要特征为肝脏肿大，有出血斑点和神经症状。在新疫区，本病的病死率可高达 90% 以上。

（一）病原学

本病的病原为鸭肝炎病毒，目前发现有 3 个特性完全不同的血清型，分别为Ⅰ、Ⅱ和Ⅲ型（又称 A、B、C 型，或 1、2、3 型），各型之间无交叉免疫保护。DHV-Ⅰ为鸭肝炎病毒，归属于小 RNA 病毒科禽肝炎病毒属。DHV-Ⅱ、DHV-Ⅲ，均归属于星状病毒科禽星状病毒属。我国以Ⅰ型为主，近年来Ⅲ型呈增多加重趋势。

（二）流行病学

本病主要感染 3 周龄以内的雏鸭。成年鸭能感染，但不发病，成为带毒者，也可产生中和抗体并通过卵黄传递给下一代雏鸭。鹅不能自然发病。

病毒可通过直接接触或通过污染环境间接接触传播，经消化道和呼吸道感染。康复鸭至少可持续带毒 8 周。

本病发生于孵化雏鸭的季节，一旦发生，在雏鸭群中传播很快，发病率达 100%。病死率因年龄不同而有差异，1 周龄以内的雏鸭可高达 95%，1~3 周龄的雏鸭不到 50%，4~5 周龄的幼鸭基本不死亡。发病高峰期多为孵化季节，南方 2~5 月和 9~10 月，北方 4~8 月。本病间隔 1~1.5 年呈地方周期性流行。饲养管理不良，缺乏维生素和矿物质，鸭舍潮湿、拥挤，均可促使本病发生。

（三）临床和实验室诊断

1. 临床症状

本病以发病急、病程短为特征。雏鸭伏地，眼睛半闭，缩颈，行动迟缓，厌食，倒向一侧，蹬脚做划桨动作。病鸭在 3~4 天内死亡，死时头后仰，呈角弓反张状。

2. 病理变化

病鸭可见全身皮肤弥散性出血，可视黏膜出血、结膜炎、气管炎、重度出血性卡他性肠炎；在食道黏膜和泄殖腔黏膜上有痂样坏死斑（假膜或溃疡）；肝、脾等实质器官有小的出血性坏死灶，心外膜和内膜常有点状出血。

3. 实验室诊断

目前，本病多见于 20 日龄内的雏鸭群，发病急，传播快，病程短，出现典型的神经症状，以及肝脏严重出血等特征，均有助于作出初步判断。根据病史、流行病学特征及典型症状和剖检病变可初步诊断，确诊需进行实验室诊断。常用方法有雏鸭接种 / 保护试验、鸭（鸡）胚接种 / 中和试验、免疫荧光试验、琼脂凝胶免疫扩散试验、间接酶联免疫吸附试验、RT–PCR 等。

（四）防治

（1）预防　种鸭可于开产前注射灭活疫苗 0.5 mL，并每半年免疫 1 次或弱毒疫苗每 3 个月免疫 1 次，这样母鸭可将母源抗体转移到其子代，使子代雏鸭在关键的最初几周内获得免疫保护。弱毒疫苗的免疫：无母源抗体雏鸭 1 日龄免疫后，可在 1 周后产生坚强免疫力，目前许多肉鸭场采用此免疫方法。对雏鸭采取严格的隔离饲养措施，尤其是 5 周龄以内的雏鸭，应供给适量的维生素和矿物质，严禁饮用野生水禽栖息的露天水塘 / 水池的水。严格执行规范引种、无害化处理、消毒等综合防控措施。

（2）治疗　卵黄抗体：发病初期，用高免卵黄抗体治疗，每只鸭注射 0.5~1 mL，常可获得良好效果。

四、鹅痛风病

鹅痛风病又称尿酸盐沉积症，是由多种原因引起血液中蓄积过多尿酸盐而不能被迅速排出体外导致的一种病。常因尿酸产生过多或排泄障碍，使得血液中尿酸含量显著升高，进而以尿酸盐形式沉积在关节囊、关节软骨、关节周围、胸腹腔及各种脏器表面和其他间质组织中。

（一）病因

鹅痛风病的致病原因较复杂，凡是能够引起肾脏损伤和尿酸盐排泄障碍的因素都可导致鹅痛风病的发生。现在多数专家倾向于该病是由综合性因素引发。病因可能与某些病毒（如鹅新型星状病毒）感染有关，动物回归试验能够复制该病；也可能与高蛋白饲料或肾脏机能障碍有关，饲料中的蛋白质（特别是核蛋白）含量过高、饲料中缺乏充足的维生素 A 和维生素 D、饲料中矿物质含量配比不适当、肾脏机能障碍或磺胺类药物使用不当等原因均可诱发本病。研究表明，凡能引起肾脏机能损伤的因素（如某些霉菌毒素、病毒、球虫药等）以及引起内脏器官中尿酸盐沉积的因素，均可诱发此病。此外，鹅舍过分拥挤或潮湿阴冷、鹅群缺乏适当的运动和日光照射以及一些疾病也都是诱发因素。

（二）流行病学

本病自 2016 年在我国部分养鹅区出现以来，现已在山东、河北、安徽、江苏、河南、辽宁、黑龙江、四川、广东、江西、福建等多地发生和流行，主要感染3周龄以内的雏鹅，发病率30%~50%，病死率可达50%。

鹅新型星状病毒引起的痛风可通过“粪－口”途径在群体中传播，一旦发病，会迅速在鹅群中传播。同时，垂直传播也是星状病毒重要的传播方式，病毒通过种蛋、苗鹅导致疾病在地区间扩散。研究表明，该病毒还存在物种间传播的可能性，鹅群可能感染来自其他禽类的星状病毒。

（三）临床和实验室诊断

1. 临床症状

鹅痛风病主要分为关节型和内脏型2种，以内脏型为主，也有2种类型并发的情况。

雏鹅通常在6~10日龄开始发病，表现为精神委顿、关节肿胀、足趾变形、跛行、行动迟缓无力、羽毛松乱、双翅下垂、呆立不动或卧伏不起。初期口渴，然后食欲废绝并出现衰弱，排白色黏稠状含有大量尿酸盐的粪便，因粪尿中尿酸盐增多，泄殖腔周围羽毛上被大量白色尿酸盐黏附。病鹅经3~7天后逐渐衰竭死亡，15日龄前后为死亡高峰。20日龄后，病情较轻的雏鹅大多可以自愈，群体发病率显著降低。

2. 病理变化

剖检可见病鹅的胸腹壁、心脏、肝脏、肠道、肠系膜、腹膜的表面有大量石灰渣样尿酸盐沉积。肾脏肿大，红白相间，呈花斑状（花斑肾），表面有尿酸盐沉着所形成的白色斑点。输尿管肿胀变粗，管壁中有大量白色尿酸盐沉积。严重者皮下可见白色尿酸盐沉积。关节腔内有白色或淡黄色尿酸盐沉积，有些关节面和周围组织坏死，关节腔表面发生溃疡、坏死，甚至糜烂。

3. 实验室诊断

对新型星状病毒引起的鹅痛风病确诊，目前主要利用病原学检测方法，如RT-PCR进行检测。

（四）防治

目前，对鹅痛风病的致病机理研究尚不透彻，对鹅新型星状病毒引起的痛风病尚无有效的治疗方法，必须采取综合性防控措施。

（1）改变饲养模式　采用网架饲养或多层笼养，减少粪污与雏鹅的接触机会，减少星状病毒等病原的感染机会。

（2）改善育雏环境　提供合适的温度、湿度、饲养密度，保持育雏舍温暖、干燥和适宜的空气流通。

（3）注意合理饲喂　提供适当的日粮营养水平；供给充足的饮水，水中可添加0.2%~0.3%的碳酸氢钠，确保尿酸等蛋白代谢产物及时排出体外；控制多种矿物质和维生素水平，及时补充维生素A、维生素D和维生素B等，避免钙磷比例失调。

（4）切断传播途径　加强养殖场生物安全体系建设，实行“全进全出”饲养模式，做好饲养环境的清洁和消毒。对孵化场所和设备、种蛋等进行严格消毒，消灭病原，防止早期感染。发病的场区要严格隔离和消毒，防止本病传播扩散。

（5）加强对症治疗　根据临床症状和病理变化进行对症治疗，防止和减少其他疾病并发或继发感染；治疗时禁止滥用药物，要按照疗程科学合理给药，严格控制用量和使用时间，因为大多数药物通过肾脏代谢，会增加肾脏负担；尽量避免或减少使用对肾脏有损害的药物，以免引发肾功能障碍，阻碍尿酸排泄。

（6）注射抗体预防　对鹅新型星状病毒引起的痛风病，可考虑进行抗体注射。

五、鸭坦布苏病毒病

鸭坦布苏病毒病又称鸭产蛋下降综合征、传染性卵巢炎、黄病毒病等，是由鸭坦布苏病毒引起的一种传染病。感染该病的种鸭通常会出现严重的产蛋量下降、共济失调、卵巢出血和发炎等现象。自 2010 年 4 月发生以来，迅速蔓延至我国主要养鸭地区。该病发病率高达 100%，病死率虽然不高，但因导致产蛋量严重下降，从而给养鸭业造成巨大损失。

（一）病原学

鸭坦布苏病毒属于黄病毒科黄病毒属，有囊膜，不凝集鸡、鸭、鹅的红细胞。该病毒对氯仿、乙醚、去氧胆酸钠敏感，对酸、热敏感，56 ℃加热 15 分钟即可被灭活。

（二）流行病学

发病突然，传播迅速。本病在初夏发病，夏秋季节更为严重，传播可能与蚊虫有关。肉用及产蛋水禽均易感，发病率高，病死率低。水禽的易感性较鸡的易感性强，发病率及病死率也均比鸡高。种禽感染后主要表现为采食量突然大幅下降，产蛋量随之大幅下降，产蛋率由高峰期的 90%~95% 下降至 5%~10%，发病率高达 100%；水禽死淘率为 5%~15%，继发感染时死亡率可达 30%；肉用鸭、鹅死亡率为 10%~55%。病程 30~45 天，部分病鸭可逐渐自行恢复。

（三）临床及实验室诊断

1. 临床症状

病雏鸭以病毒性脑炎为特征。病鸭瘫痪，站立不稳，行走时双脚向外叉开、呈“八”字脚，头部震颤，走路时容易翻滚，腹部朝上，两脚呈游泳状挣扎；排绿色、褐色稀便，脱水、脚蹼干燥；严重时，痉挛倒地不起，两腿向后踢蹬，最后衰竭死亡。产蛋鸭以产蛋量下降为特征，采食量突然下降，体温升高，精神沉郁，排绿色稀便，个别鸭表现为瘫痪、流泪、喙出血等现象。2~3 天后，产蛋量急剧下降，在 1~2 周内，产蛋率从 80%~90% 降至 10% 以下，30 天后产蛋率逐渐恢复。

2. 病理变化

雏鸭表现脑水肿，脑膜有弥散性大小不一的出血点，脑部毛细血管充血；心包、胸腔积液，有时伴有肾脏尿酸盐沉积；肠黏膜有弥漫性出血。产蛋鸭表现心冠脂肪有大小不一的出血点，气管出血，肺脏出血，腺胃出血，肠黏膜脱落出血，胰腺出血、水肿，卵泡变形、变性甚至萎缩，卵黄变稀，严重时表现为卵泡出血，卵泡破裂，形成卵黄性腹膜炎，输卵管黏膜出血、水肿。

3. 实验室诊断

（1）病毒的分离与鉴定　可将有典型病变的病料处理后经尿囊膜或卵黄膜途径接种 11 日龄鸭胚。或者在鸭胚成纤维细胞以及 Vero 和 BHK-21 细胞上增殖，细胞病变表现为圆缩和脱落。

（2）分子生物学诊断　用 RT-PCR 技术可以直接检测鸭组织病料中的病毒基因。

（3）血清学诊断　用 ELISA 检测发病前后鸭群血清中抗体水平是否显著上升。

临床诊断时，雏鸭发病注意与维生素 B_1、维生素 B_2 及维生素 E 缺乏症相区别。蛋鸭或种鸭发病注意与高致病性禽流感和鸭瘟等疫病进行鉴别诊断。

（四）防治

（1）预防　免疫接种：雏鸭 5~7 日龄初免，初免后 2 周加强免疫1次;产蛋鸭在开产前1~2周免疫1次。

（2）治疗　目前尚无有效的治疗药物,在日粮中添加适量中药及维生素能有效提高鸭群抵抗力。此外,结合鸭群具体情况,可通过饮水适当给予一定量的抗生素,防止继发细菌感染。

（3）管理　加强饲养管理,减少应激因素对鸭的刺激,加强消毒。实行密闭饲养,避免蚊虫叮咬以及野鸟与鸭的密切接触。废弃垫料、病死鸭应进行无害化处理。

六、鸭疫里默氏杆菌病

鸭疫里默氏杆菌病又称鸭传染性浆膜炎,是由鸭疫里默氏杆菌引起的一种侵害鸭、鹅、火鸡以及其他鸟类的细菌性传染病。该病发病率高,传播速度快,死亡率高,给水禽养殖业构成了较大威胁。

（一）病原学

鸭疫里默氏杆菌属于黄杆菌科里氏杆菌属,革兰氏阴性小杆菌,无芽孢,有荚膜。凝集试验和琼脂凝胶免疫扩散试验均可用于本菌的血清分型。目前,我国流行的优势血清型为血清Ⅰ型(也有称1型)。

（二）流行病学

自然条件下1~8周龄鸭均易感,以2~3周龄雏鸭发病最为严重。5周龄以下的鸭,在症状出现后1~2天就会出现死亡。较大日龄的鸭,则可能存活较长时间。8周龄以上的鸭发病情况比较少见。本病一年四季均可发生,往往伴随育雏季节出现较多发病。养殖条件和饲养管理水平与本病的发生及其严重程度密切相关。

（三）临床及实验室诊断

1．临床症状

病鸭主要表现为流鼻涕、精神沉郁、蹲伏、缩脖、头颈歪斜、步态不稳和共济失调，粪便稀薄呈绿色或黄绿色。随着病程发展，部分病鸭转为僵鸭或残鸭，生长不良、极度消瘦。最急性型幼龄鸭常无明显症状而突然死亡。

2．病理变化

最急性型病例无明显剖检变化，仅表现为心脏少量点状出血，少量心包积液，其他脏器无明显病理变化。急性型病例肉鸭特征性病理变化主要表现是在心包膜、肝表面、气囊等浆膜上有纤维素渗出物，即“三炎”病变。具体表现为心包积液增多，心包膜外面覆盖纤维素性渗出物，使得心外膜和心包膜形成粘连。严重病例还会出现干酪样变化。肝脏病变为纤维素性肝周炎，肝表面出现一层灰白色或灰黄色纤维素膜，易剥离。病鸭肝脏肿大呈土黄色或棕红色。病程较长的鸭，纤维素性渗出物容易被肝被膜新生长出的肉芽机化，于是呈淡黄色干酪样的团块。气囊表现为纤维素性气囊炎，气囊壁浑浊、增厚，覆盖纤维素性膜，气囊内有干酪状物质。

3．实验室诊断

本病应注意与禽大肠杆菌病进行鉴别诊断，依据流行病学情况、临床症状以及特征性病理变化可作出初步判断，确诊需要进行实验室诊断。

（1）细菌的分离鉴定　无菌采集心血、脑、肝脏、关节液以及有病变的气囊等病料，接种于巧克力琼脂平板培养基、血琼脂平板培养基等，进行鉴定。

（2）聚合酶链式反应（PCR）鉴定　根据鸭疫里默氏杆菌的 *gyrB* 基因序列设计引物建立 PCR，可用于鸭疫里默氏杆菌的初步鉴定。

（四）防治

（1）加强饲养管理　应注意育雏室的通风换气，防寒防潮，控制适宜密度，注意清洁卫生等。

（2）坚持“全进全出”　采用“全进全出”饲养方式是防止鸭群感染本病的有效措施，有条件的还可以进行轮换养殖。

（3）治疗和预防　药物治疗是防治该病的重要方法。采用多种抗生素联合磺胺类药物治疗，对本病具有一定的防治效果。因为鸭疫里默氏杆菌比较容易产生抗药性，所以，用药前应进行药敏试验，筛选高敏药物，并注意药物的交替使用。免疫接种，通常选择在5~7日龄，按剂量注射鸭传染性浆膜炎蜂胶疫苗，可有效预防本病的发生。使用高效多价精制高免卵黄抗体进行预防保健也有一定作用。

七、大肠杆菌病

大肠杆菌病是由某些致病性埃希氏大肠杆菌引起的动物和人不同疾病的总称。大肠杆菌1885年被发现，目前广泛分布在世界各地，给畜牧业带来巨大经济损失，也严重危害人类健康。随着大型集约化水禽养殖业的发展，致病性大肠杆菌的危害日趋明显。

（一）病原学

病原为致病性大肠杆菌，分为11种致病型，常见的包括败血性大肠杆菌如禽败血症、禽致病性大肠杆菌、尿道致病性大肠杆菌等。

（二）流行病学

易感动物为幼龄动物；传染源为患病动物和带菌者；传播途径为

通过粪便排出病菌，污染水源、饲料、空气以及皮肤，经消化道感染；水禽既可通过消化道感染，也可通过呼吸道感染，或病菌经入孵种蛋裂隙发生胚胎感染。该病一年四季均可发生。饥饿或过饱，饲料质差或配比不当，环境改变、气候剧变等，可诱发本病；群体密度过大、通风换气不良、饲养管理用具及环境消毒不彻底会加速本病流行；具有呼吸道损伤、免疫抑制等作用的病原感染易诱发本病。

（三）临床及实验室诊断

1. 临床症状

水禽感染本病后表现体质衰弱，缩颈闭目，结膜发炎流泪，有的角膜浑浊，眼有脓性分泌物，腹部膨胀，脐部红肿，多有下痢，因败血症而死亡。日龄较大者表现精神沉郁，食欲不振，昏睡，拉黄白色稀粪，无神经症状，行走困难，羽毛脏乱，病重者昏睡死亡。脑炎型可见不同程度的神经症状，此外，还有关节炎、脐炎、眼炎和腹膜炎等。

2. 病理变化

病禽有的表现为败血症，主要发生于2~8周龄的鸭和鹅，血液凝固不良呈酱油色，肝、脾、肾肿大伴有出血斑点和坏死，肠道、泄殖腔呈条纹状出血，盲肠扁桃体肿大出血；多发性浆膜炎，如心包炎、肝周炎、气囊炎，脏器表面有纤维素性渗出物。有的表现为脑膜炎、全眼球炎、关节滑膜炎、肉芽肿、脐炎。还有的表现为输卵管炎/卵黄性腹膜炎（俗称“蛋子瘟”）：多发于产蛋期的母禽，剖检时腹腔有腥臭味，内有多量卵黄状物质，卵泡变形、变色和变性，有的卵泡破裂，体态消瘦，丧失产蛋能力。发病公鹅阴茎肿大，有黄色脓性或干酪样结节。此外，还有的表现为肿头综合征。

3. 实验室诊断

确诊本病需进行细菌学检查，一般采取血液或内脏组织（如肝、脾和肠管等病料）进行细菌学检查，先将病料涂片、染色、镜检，再进行分离培养。对分离出的疑似大肠杆菌应进行生化反应和血清型鉴定,然后再根据需要,做动物致病性试验,确定其致病性。只有证明分离株具有致病性,才有诊断意义。

(四)防治

治疗可根据药敏试验使用抗菌药物(如土霉素、庆大霉素、氨苄西林、氨苯磺胺等),并辅以对症治疗。使用活菌制剂治疗腹泻有良好功效。控制本病重在预防,可在4~6周龄时注射鸭传染性浆膜炎大肠杆菌二联灭活菌苗。在我国,消除新城疫、低致病性禽流感及免疫抑制性疾病等诱因,对降低鸭、鹅大肠杆菌病的发病率有重要意义。同时,注意加强饲养管理,改善饲养环境,如密度、通风、温度控制等,科学配方饲料,做好水源管理;做好用具、禽舍的消毒;做好禽流感、新城疫、球虫病等疫病的预防。

八、副黏病毒病

副黏病毒常能从世界各地的家禽及野生鸟类中分离得到。副黏病毒分为9个血清型,其中血清Ⅰ型为新城疫病毒,Ⅱ~Ⅸ型主要危害产蛋禽,引起明显呼吸道疾病和产蛋量下降。

(一)病原学

副黏病毒属于副黏病毒科禽腮腺炎病毒属。本病毒为单股负链RNA病毒,有囊膜,囊膜表面有大量辐射状纤突。

(二)流行病学

各日龄和品种的鸭、鹅均可感染发病并导致死亡,日龄越小,发病率和病死率越高。本病的感染途径主要是呼吸道和消化道。本病一年四季均可发生，但以春、秋两季较为多发。

（三）临床及实验室诊断

1. 临床症状

鹅：病鹅精神不振，缩头垂翅，口渴，饮水量增加，排白色或绿色稀粪，行走无力，不愿下水。部分病鹅出现扭颈、转圈、仰头等神经症状；病鹅严重脱水，脚蹼干燥；少数病鹅有甩头、咳嗽等呼吸道症状。

鸭：不同品种的鸭均可感染，番鸭和樱桃谷鸭较麻鸭易感。发病率和病死率因鸭的年龄、毒株毒力不同而有很大差异。幼龄鸭更易感，症状与幼鹅相似，严重者出现头颈扭曲、瘫痪等神经症状。

2. 病理变化

水禽感染本病后主要病理变化表现在消化道，食管膨大部和腺胃肿大、出血，肌胃角质易脱落，角质膜下常有出血；小肠黏膜充血、出血，空肠和回肠黏膜有青豆大小的淡黄色痂块；盲肠扁桃体肿大，明显出血；泄殖腔出血；肝肿大，胰腺肿大，有灰白色坏死灶。

3. 实验室诊断

（1）病毒的分离与鉴定　常用的是鸡胚接种、血凝和血凝抑制试验。

（2）分子生物学诊断　应用RT-PCR技术可以直接检测组织病料中的病毒。

（3）血清学诊断　用ELISA检测发病前后群体血清中病毒抗体水平是否显著上升。

本病在临床上应注意与禽流感的鉴别诊断。

（四）防治

加强饲养管理，严格执行卫生消毒措施，严禁一切带毒和被病毒污染的物品进入场内。免疫接种：鹅副黏病毒病油佐剂灭活疫苗，于7~15日龄肌肉注射接种，每只0.25~0.5 mL，7~10天产生免疫力，可有效预防鹅和番鸭发病。种鹅应在产蛋前1~2周再用灭活疫苗接种1次。

九、水禽呼肠孤病毒病

水禽呼肠孤病毒病是由呼肠孤病毒引起的多种疾病类型的总称。早在20世纪60年代，研究者首先从人和动物的呼吸道或肠道中分离出该病毒，称为呼肠孤病毒，即指呼吸道（R）–肠道（E）–孤儿（O）病毒。近年来，本病已在全国多个省份发生并流行，危害较大。雏鹅感染后可引起出血性、坏死性肝炎；番鸭感染后其肝脏、脾脏等内脏器官可出现白色坏死点，也称为白点病；樱桃谷肉鸭感染后可引起脾脏坏死，也称为脾坏死症。

（一）病原学

呼肠孤病毒属于呼肠孤病毒科成员，为节肢介体病毒类，共有11个血清型。鹅呼肠孤病毒能人工感染并致死雏鹅，却不能致死大龄鹅、雏鸭、雏鸡等。番鸭呼肠孤病毒能致死鸭胚、半番鸭胚和鸡胚。本病毒对2%~3%氢氧化钠、70%乙醇敏感；对2%的来苏儿、3%的甲醛有抵抗力；对热、乙醚、氯仿等有抵抗力。

（二）流行病学

本病主要感染10周龄以内的雏鹅和仔鹅、2~3周龄的番鸭和肉鸭。一般认为，其发病率和病死率与鸭、鹅日龄呈负相关，即日龄越小，发病率及病死率越高。4周龄以内雏鸭、雏鹅的发病率可高达70%以上，病死率达60%左右，而7~10周龄的鸭、鹅病死率较低

（2%~3%）。青年鸭、鹅感染后多不出现明显临床症状，种禽感染后虽无临床症状，但会影响产蛋率和出雏率。

本病的传染源主要为发病或带毒的鸭、鹅，主要经呼吸道或消化道感染，也可经种蛋垂直传播。各品种的鸭、鹅均易感。本病的发生与饲养雏鸭、雏鹅的季节有密切关系，但无明显的季节流行性。养殖场卫生条件差、养殖密度过大、气候骤变以及应激因素等，均可增大本病的流行和感染强度。病雏因生长受阻，导致饲料报酬降低。本病也可继发其他细菌性或病毒性疾病。

（三）临床及实验室诊断

1. 临床症状

鹅：雏鹅一旦发病，多呈急性感染，表现为羽毛蓬乱无光，精神委顿，目光呆滞或闭眼，食欲减退甚至废绝，消瘦体弱，有行走障碍（无力、迟缓或跛行），腹泻呈水样。病雏常呈一侧关节或两侧关节肿大。仔鹅患病多表现为亚急性或慢性。

鸭：病鸭主要表现为羽毛蓬乱，精神委顿，食欲减退或废绝，两腿无力，长时间呈蹲伏状。腹泻，粪稀如水且呈白色或绿色。若长时间腹泻加之少饮食，病鸭则会因严重脱水而衰竭至死。病死鸭喙部呈紫色或黑色。

2. 病理变化

病雏鹅的肝脏有坏死点或坏死斑，其大小不一，有的呈散在或弥漫性的出血斑，有的呈淡黄色的坏死斑；脾脏严重肿大且质地较硬，表面有大小不一的坏死灶；胰腺出血，有灰白色坏死点；肾脏肿大出血，有针尖大小灰白色的坏死点；肠黏膜和肌胃肌层有鲜红的出血斑；关节皮下出血，关节腔肿胀，腔内有脓性物质渗出，若发病时间长，则有纤维素性物质渗出。

病鸭的主要病变为肝脏、脾脏肿大，有针尖到米粒大小散在的灰白色坏死灶；肺脏出血；肾脏苍白，有出血点和坏死点；有时胰腺水肿，有白色坏死点。

3. 实验室诊断

根据流行病学特点、临床症状和病理变化可作出初步诊断，确诊需进行实验室诊断，如病毒分离培养，以及 ELISA 检测、中和试验、琼脂凝胶免疫扩散试验等。

（1）病毒分离　取患病濒死或刚死亡雏禽病变典型的肝脏、脾脏病料，分别接种 10 日龄 SPF 鸡胚、12 日龄鹅胚、11 日龄鸭胚、12~13 日龄番鸭胚，或用患病鹅肝脏、脾脏病料肌肉注射 5 只 10 日龄左右的易感雏鹅。

（2）病毒鉴定　将分离毒株应用胚胎或细胞中和试验、雏鹅中和试验或保护试验、琼脂凝胶免疫扩散试验等方法鉴定病毒。

（四）防治

（1）预防　对本病的预防，需严格落实生物安全措施，严格执行消毒工作，最大限度减少病原的污染。

种鹅可在开产前 15 天左右进行油乳剂灭活疫苗的免疫，既可以防止经种蛋垂直传播，又可使其后代获得较高水平的母源抗体，防止发生早期感染。若种鹅没有免疫，则其后代可在 10 日龄左右接种灭活疫苗。

（2）治疗　一旦确诊感染呼肠孤病毒，应及时对发病鸭、鹅采用高免血清疗法或采用卵黄抗体治疗。在进行上述治疗的同时，可适量使用抗生素，有利于控制其他病并发感染。

十、鸭瘟

鸭瘟又称鸭病毒性肠炎，是由鸭瘟病毒(duck plague virus，DPV)感染鸭、鹅和其他雁形目禽类引起的一种急性、热性、败血性传染病。

(一)病原学

鸭瘟病毒属于疱疹病毒科疱疹病毒属中的滤过性病毒。病毒在鸭体内分散于各种内脏器官、血液、分泌物和排泄物中，其中以肝脏、肺脏、脑含毒量最高。病毒对外界抵抗力不强，温热和一般消毒剂能很快将其杀死。夏季在直接阳光照射下，9 小时毒力消失；病毒在 56 ℃时 10 分钟即被杀死；在污染的禽舍内(4~20 ℃)可存活 5 天；对低温抵抗力较强，在 –5~7 ℃时经 3 个月毒力不减弱；对乙醚和氯仿敏感，5% 生石灰作用 30 分钟可灭活。

(二)流行病学

在自然条件下，本病主要发生于鸭，对不同年龄、性别和品种的鸭都有易感性，自然感染潜伏期通常为 2~5 天，30 日龄以内的雏鸭较少发病。在人工感染时小鸭较大鸭易感，自然感染则多见于大鸭，尤其是产蛋母鸭，这可能是因为大鸭常放养，有较多机会接触病原。鹅也能感染发病，但很少形成流行。野鸭和雁也会感染发病。

鸭瘟的传染源主要是病鸭和带毒鸭，其次是其他带毒水禽、飞鸟之类。消化道是主要感染途径，交配以及通过呼吸道也可以感染。被污染的水源、鸭舍、用具、饲料、饮水是本病的主要传播媒介，某些吸血昆虫也可能是传播媒介。某些野生水禽感染后可成为传播本病的自然疫源和媒介。本病一年四季均可发生，但以春秋季流行较为严重。当鸭瘟传入易感鸭群后，一般在 3~7 天内出现零星发病，之后 3~5 天，逐渐进入流行发展期和流行盛期，整个流行过程一般持续 2~6 周。

（三）临床和实验室诊断

1. 临床症状

病初体温升高达 43 ℃以上，高热稽留。病鸭表现为精神委顿，缩颈，羽毛松乱，翅膀下垂，两脚麻痹无力。食欲明显下降，甚至停食，饮欲增加。特征性症状为流泪和眼睑水肿：病初流出浆液性分泌物，使眼睑周围羽毛浸湿，而后分泌物变黏稠或呈脓样，常造成眼睑粘连、水肿，甚至外翻，眼结膜充血或小点出血，甚至形成小溃疡。病鸭鼻中流出稀薄或黏稠的分泌物，呼吸困难，并发生鼻塞音，叫声嘶哑，部分鸭咳嗽。病鸭发生泻痢，排出绿色或灰白色稀粪，泄殖腔周围的羽毛被沾污或结块。部分病鸭在疾病明显期时可见头和颈部发生不同程度的肿胀，触之有波动感，俗称“大头瘟”。

2. 病理变化

剖检后可发现以败血症为特征的病理变化，皮肤黏膜和浆膜出血，头颈皮下胶样浸润；口腔黏膜，特别是舌根、咽部和上腭黏膜表面有淡黄色的假膜覆盖，刮落后露出鲜红色出血性溃疡。最典型的是食道黏膜纵行固膜条斑和小出血点，肠黏膜出血、充血，以十二指肠和直肠最为严重；泄殖腔黏膜坏死，结痂；产蛋鸭卵泡增大、发生充血和出血；肝脏不肿大，但有小点出血和坏死；胆囊肿大，充满浓稠墨绿色胆汁；有些病例脾脏有坏死点，肾脏肿大、有小点出血；胸、腹腔的浆膜均有黄色胶样浸润。

3. 实验室诊断

本病确诊需通过实验室诊断，进行病毒分离鉴定和中和试验，斑点－酶联免疫吸附试验（Dot-ELISA）检测可快速诊断。

在鉴别诊断上，应注意与鸭巴氏杆菌病（鸭出血性败血症）相区别。鸭巴氏杆菌病一般发病急，病程短，能使鸡、鸭、鹅等多种禽类发病，而鸭瘟自然感染时仅仅造成鸭、鹅发病。鸭巴氏杆菌病不会造成头颈肿胀，食道和泄殖腔黏膜上也不形成假膜，肝脏上的坏死点仅针尖大，且大小一致。取病死鸭的心脏、血液或肝脏制作抹片，经瑞氏染色镜检，可见两极着色的小杆菌。应用磺胺类药物或抗生素治疗有较好疗效，通常可与本病鉴别诊断。

（四）防治

目前，本病尚无有效治疗药物，故应以预防为主。除做好生物安全措施外，采用鸭瘟弱毒活疫苗进行免疫接种能有效预防本病的发生。

（1）引种繁育　严禁从疫区引进种鸭和苗鸭。从外地购进种鸭，应隔离饲养 15 天以上，并经严格检疫后，才能混群饲养。病鸭和康复鸭所产的蛋不宜留作种蛋。

（2）免疫接种　对蛋鸭，可在 20 日龄进行首免，剂量为半倍量，2 月龄以后加强免疫 1 次；产蛋前再进行第 3 次免疫。对肉鸭，可在 1~7 日龄时用鸭瘟疫苗半倍量皮下注射免疫 1 次，其免疫力可延续至上市。对种鸭，每年春、秋两季各进行 1 次免疫接种，每只肌肉注射 1 mL 鸭瘟弱毒疫苗或 0.5 mL 鸭瘟高免血清。要坚持一个针头只注射一只鸭，以免因注射形成交叉传染。对已经出现明显症状的病鸭，应尽可能淘汰。

（3）紧急治疗　鸭群发病时，对健康鸭群或疑似感染鸭，应立即用鸭瘟疫苗进行紧急预防接种；对病鸭，每只肌肉注射鸭瘟高免血清 0.5 mL 或聚肌胞 0.5~1 mL，每 3 天注射 1 次，连用 2~3 次，进行早期治疗。病死鸭一律进行无害化处理，同时对病鸭圈舍及可能接触的一切物品进行彻底消毒。

十一、曲霉菌病

曲霉菌病是水禽的一种常见真菌病，又称霉菌性肺炎。本病在鸭、鹅主要发生在幼龄阶段，多呈急性经过，发病率较高，能造成大批死亡。成年鸭、鹅多为散发。本病在我国南方较多发生，北方多见于地面育雏的鸭、鹅群。近年来，水禽曲霉菌病不断增多，主要系饲料原料发霉所导致，应引起养殖场（户）的高度重视。

（一）病原学

水禽曲霉菌病最常见且致病性最强的霉菌为烟曲霉菌，其孢子在自然界分布较广泛，常污染垫料及饲料。除此之外，也可能由其他曲霉菌引起感染，如黄曲霉菌、黑曲霉菌和构巢曲霉菌等。致病性曲霉菌能产生蛋白溶解酶和具有溶血特性的内毒素。霉菌对外界具有显著抵抗力，干热 120 ℃经 1 小时，或煮沸 5 分钟方可杀死。消毒药，如 2.5% 甲醛溶液、水杨酸和碘酊需经 1~3 小时方能灭活霉菌。

（二）流行病学

各种禽类均能感染本病，以雏鸭、雏鹅较常见，发病多为群发性和急性经过，出壳后 2 天内的雏鸭、雏鹅最易感，5~7 日龄时发病率达到高峰，病死率可达 50% 以上。孵化过程中的胚蛋，亦可因霉菌的菌丝体穿透蛋壳，特别是进入气室内而使胚胎感染，孵出的雏鸭、雏鹅即出现症状。成年鸭、鹅感染发病一般为散发，呈慢性经过，死亡率较低。本病暴发常因饲料或垫料发霉所致，一般梅雨季节较多见。

（三）临床和实验室诊断

1. 临床症状

该病的潜伏期一般为 3~10 天，急性病例发病后 2~3 天内死亡。主要发生于雏禽。病禽食欲减少或不食，呼吸困难，伸颈张口，喘气，精神沉郁，缩头闭眼，口腔、鼻腔流出黏液性分泌物，有时呼吸时发出特殊的沙哑声，打喷嚏，饮欲增加，羽毛蓬松，两翅下垂，对外界反应淡漠。常见有胃肠道活动紊乱症状，下痢，急剧消瘦和死亡，病死率在 50%~100% 之间不等。慢性型症状不明显，主要呈现阵发性喘气，食欲不良，下痢，逐渐消瘦以致死亡。

2. 病理变化

急性型病例：腹腔、肺脏和气囊均有散在数量不等、米粒大小的黄白色结节，结节的硬度似橡皮样，切开呈同心圆轮层状结构，中心为干酪样坏死组织，气管黏膜充血，肝脏瘀血和脂肪变性。

慢性型病例：常有支气管肺炎变化，肺实质中有大量灰黄色结节，切面呈干酪样团块，这种结节在胸部的气囊也可见到。部分胸部气囊和腹部气囊膜上见有厚 2~5 mm 圆碟状中央凹的霉菌菌落或称霉菌斑，有时被纤维素浸润，并呈灰绿色或浅绿色粉状物。体腔内有时也会有散在的霉斑，菌落见于鼻腔、眶下窦、喉、气管和胸腹腔浆膜，有时见腹膜炎。

3. 实验室诊断

（1）直接镜检　取肺部结节中心干酪样组织，置玻片上，加生理盐水 1~2 滴，碾碎压片镜检，可见树枝状菌丝体。

（2）分离培养　将病变肺组织用点种法接种于马铃薯培养基上，37 ℃培养，24 小时后，有灰黄色绒毛状菌落；36 小时后，菌落呈面粉状，蓝绿色，形成放射状突起；取培养物触片镜检，可见许多孢子小梗，形如葵花状。

（3）霉菌的鉴定 取1滴乳酸石炭酸棉蓝染色液于载玻片上，挑取少许菌体，置载玻片的液滴中，并用针将菌丝体分开，勿使成团，加盖玻片，置显微镜下观察。根据其形态特征进行鉴定。

（四）防治

（1）饲养管理 搞好环境卫生，特别是鸭、鹅舍的通风和防潮。不用发霉垫草，禁喂发霉饲料。

（2）消毒灭原 对禽舍和种蛋进行清洗和熏蒸消毒，可用福尔马林熏蒸消毒或0.5%新洁尔灭消毒。

（3）隔离病禽 对病雏应及时进行隔离，霉变饲料和垫草清理后销毁，用1∶2 000硫酸铜溶液消毒禽舍。

（4）药物治疗 在饲料中加入制霉菌素，按每只日用量35 mg拌料喂服，病重时可适当增加药量灌服，每天2次，连续2~3天，有很好的治疗效果。

十二、番鸭细小病毒病

番鸭细小病毒病是由番鸭细小病毒（muscovy duck parvovirus，MPV）引起的3周龄内雏番鸭以喘气、腹泻及胰腺坏死和出血为主要特征的传染病（俗称番鸭三周病）。其发病率和病死率可达40%~50%，是目前番鸭养殖中危害最严重的传染病之一。本病与小鹅瘟有相似性，但致死率不同。

（一）病原学

番鸭细小病毒的生物学特性与小鹅瘟病毒（GPV）相似。通过交叉中和试验可以把MPV和GPV区分开来，有高效价抗GPV抗体的雏番鸭对MPV仍然易感。病毒对乙醚、胰蛋白酶、酸和热等灭活因子有很强的抵抗力，但对紫外线照射很敏感。

（二）流行病学

雏番鸭是唯一自然感染发病的动物，发病率和病死率与日龄密切相关，日龄愈小发病率和病死率愈高，3周龄以内的雏番鸭发病率为20%~60%，病死率为20%~40%。40日龄的番鸭也可发病，但发病率和病死率低。

病鸭通过排泄物排出大量病毒，污染饲料、饮水、用具、人员和周围环境，造成传播。若病鸭的排泄物污染种蛋外壳，则引起孵化器内污染，使出壳的雏番鸭成批发病。

本病发生无明显季节性，但是由于冬春季节气温较低，育雏室空气流通不畅，空气中氨和二氧化碳浓度较高，故发病率和病死率较高。

（三）临床和实验室诊断

1. 临床症状

本病潜伏期一般为4~9天，病程2~7天，病程长短与发病日龄密切相关。根据病程长短可分为急性型和亚急性型2种类型。

急性型：主要见于7~14日龄雏番鸭，常表现为精神委顿，羽毛蓬松，两翅下垂，尾端向下弯曲，两脚无力，懒于走动，厌食，离群；有不同程度腹泻，排出灰白色或淡绿色稀粪，并黏附于泄殖腔周围；呼吸困难，喙端发绀，后期常蹲伏，张口呼吸。病程一般为2~4天，濒死前两肢麻痹，倒地，衰竭死亡。

亚急性型：多见于发病日龄较大的雏番鸭，主要表现为精神委顿，喜蹲伏，两脚无力，行走缓慢，排黄绿色或灰白色稀粪，并黏附于泄殖腔周围。病程5~7天，病死率低，大部分病愈鸭颈部、尾部脱毛，喙变短，生长发育受阻，成为僵鸭。

2. 病理变化

大部分病死鸭泄殖腔周围有稀粪黏附，泄殖腔扩张、外翻；心脏变圆，心壁松弛，尤以左心室病变明显；肝脏稍肿大，胆囊充盈，肾脏和脾脏稍肿大，胰腺肿大且表面散布针尖大灰白色病灶；肠道呈卡他性炎症或黏膜有不同程度的充血和点状出血，尤以十二指肠和直肠后段黏膜为甚，少数病例盲肠黏膜有点状出血。

3. 实验室诊断

（1）病毒分离鉴定　无菌采病料按常规操作，取上清液接种11~13日龄番鸭胚，每天观察，多数鸭胚在4~7天内死亡，检查胚的病变进行诊断。收集胚液和胚胎做血清学检查。

（2）其他方法　血清琼脂扩散试验（AGP）、胶乳凝集试验（LPA）、间接荧光抗体试验（IFA）、核酸探针等均可作出诊断。

（四）防治

严格的生物安全措施对本病的防治具有重要意义，对种蛋、孵化场和育雏室的严格消毒尤为重要，结合预防接种，可减少或防止本病发生和流行。

（1）饲养管理　加强育雏期管理，保持鸭舍干燥，通风良好，温度适宜，密度适中，勤换垫料。出壳后4周内雏番鸭要隔离饲养。对新引进的雏鸭应及时供水，适量添加复合维生素和葡萄糖，以增强体质。

（2）消毒措施　孵化场要严格消毒，种蛋也应消毒，确保入孵种蛋是免疫蛋。

（3）免疫接种　雏番鸭和种番鸭接种番鸭细小病毒病活疫苗有良好效果。

（4）治疗方法　对病雏番鸭用高免血清或蛋黄液（卵黄抗体）进行紧急预防或治疗。为防止和减少继发细菌和霉菌等感染，可考虑应用抗生素。

第三章　水禽疫病的综合防控

近年来，水禽疫病种类多而复杂，给水禽产业发展带来挑战。针对当前防控形势，应摒弃水禽抗病能力强的传统观念，增强防疫意识和防疫投入；坚持中兽医“治未病”的理念，做好预防工作；坚持养防并举，将防疫管理融合到整个场地建设和生产过程当中，进行同步规划设计、同步贯彻落实。具体来说，就是要根据水禽的生物学特性，从建场选址开始，采取免疫、监测、生物安全等综合性防控措施，加强饲养管理，加强重点疫病的净化，最大限度地避免疫病的发生和流行。

一、水禽的生物学特性

水禽除了具有生长快，饲养周期短，投资少，效益高，耐粗饲，用途广等优点外，在生活习性上还有以下几个特点：

1. 好水性

鸭、鹅等水禽，喜欢在水中浮游、觅食和求偶交配。放养要选择在水域宽阔、水质良好的地带。舍饲鸭、鹅，特别是养种鸭、种鹅时，要设置水浴池或水上运动场，供其洗浴、交配和活动等。

2. 群居性

鹅天性喜欢群居生活，鸭的特性也相似，这种合群性有利于鸭、鹅群的管理。

3. 保温性

鸭、鹅等水禽全身不仅有正羽，腹部还具有绒羽，在严寒的冬季仍能下水游泳，耐寒性较强，在平均气温 0~4 ℃的寒冷地区仍能正常生活和繁殖。

4. 节律性

鸭、鹅具有良好的条件反射能力，能很快接受人为管理，生活表现出明显的节律性，但也易惊群，有啄斗行为，要防止因应激而影响生长和产蛋。所以，已经实施的水禽饲养程序不要随意改变，特别是对产蛋期的种禽。

5. 杂食性

家禽属杂食性动物，水禽比陆禽的食性更广，更耐粗饲料。鹅是以食草为主的水禽，喜食青草，对青饲料中的蛋白质等营养物质消化力很强，能消化利用粗纤维。所以，利用天然饲草资源和人工种草养鹅，配喂少量精料，既符合鹅的生活习性，又降低成本，节粮增效。

二、水禽场建设要求

场址选择的好坏，直接关系到防疫工作的成败，关系到经济效益的高低。因此，在养鸭、鹅之前应做好周密计划，选择最合适的地点进行建设。

1. 场址选择

（1）临近水源　建场应选择在水源充足的池塘或河边。

（2）交通便利　便于运送产品和饲料，降低运输成本。

（3）地势较高　场址以地势总体较高，周围有天然生物安全屏障的场地为佳。

（4）排水通畅　根据当地排水方式，做好污水无害化处理或转化工作，尽可能做到变废为宝。

（5）禽舍朝向　禽舍应坐北朝南，冬季保暖防寒，夏季通风散热。

2. 规划布局

充分利用场区现有地形、地势，在满足采光通风要求的前提下，尽可能加强各区间的相互联系，使水禽场工作流程更顺畅。

水禽场一般分为办公区、生活区、生产区、粪污处理区等。分区布局要根据地势由高向低或主风向方向依次排列，并做到雨污分流，净道和污道分开。

建筑模式类型要与当地气候和水禽品种特性相匹配，合理降低基建投资费用。

3. 防疫设施

传统的水禽养殖设施比较简陋，防疫设施不健全。近年来，虽然养殖规模不断增大，但养殖设施尤其是防疫设施改进不大，应考虑增加隔离防护、出入门禁消毒、粪污及病死动物无害化处理等基础防疫设施。水禽养殖场应在做好整体规划设计的基础上，增加通风、保温和防“贼风”等设施，建立专用物资仓库、禽蛋仓库、兽医室等功能房间。

三、疫苗免疫

针对当前对水禽健康威胁较大的高致病性禽流感、副黏病毒病、鸭瘟、雏鸭肝炎、小鹅瘟、鸭坦布苏病毒病等重点疫病，科学制定免疫程序，切实做好免疫工作，并进行免疫效果监测评价，确保免疫效果。新进的苗禽尤其要做到及时免疫，确保获得保护。慎重选择疫苗、免疫血清和卵黄抗体，切忌轻信推销人员，应优先选择有兽药批准文号的正规产品，优先选择与当地主要病原相对应的疫苗毒株。

妥善做好疫苗等生物药品的保管，设置专用的疫苗保藏设施，严格按照疫苗生产厂家提供的贮存要求存放，防止疫苗与其他物品混放造成病原污染。规范免疫操作，尽量使用一次性或有效消毒的免疫器械，已启封的疫苗应尽快尽量一次性用完，不能一次性用完的应予以废弃并及时做无害化处理。

四、疫病监测

监测是掌握疫病动态的有效工具，也是优化疫病防控的重要技术支撑。近年来监测技术有了长足发展，监测资源也较丰富，有动物疫病防控系统实验室、科研教学单位实验室、兽药饲料企业的服务监测、社会第三方检测机构以及养殖场自建的实验室等，但监测及监测结果应用仍存在一些问题。水禽养殖场应摒弃杂念，充分利用好资源，主动配合做好常规监测工作，协商要求做好个性化定制监测，必要时主动申请和购买监测服务。特别要做好监测结果的分析应用，主动获取监测结果，梳理疫病防控薄弱环节，组织做好原因分析，并采取有针对性的措施完善防控管理。此外，还要加强耐药性监测，引导科学用药，减少盲目用药。拒绝使用抗生素促生长，倡导无抗养殖。杜绝使用医用抗生素，积极寻求抗生素替代方法，如中草药等。

五、生物安全

在做好水禽养殖场环境隔离的基础上，还应保证人员隔离，要有高素质的人员把关，最大限度地减少人员的对外交流，特别是减少与养殖、运输、销售、屠宰、无害化处理、检测诊断服务、孵化等人员的交流，严格限制相关人员入场，限制本场人员出场，减少本场人员与相关人员的接触。杜绝鸡、鸭、鹅、犬、猫等多种动物混养，定期消毒、灭鼠、灭蚊蝇，落实防鸟措施和水源管理。做好车辆和器械的管理，禁止本场器械外借和本场车辆承接场外业务，限制场外车辆和器械进入本场。做好养殖批次管理，尽量做到“全进全出”，并保证批次之间有效间隔时间和清理消毒。严格做好饲料、兽药、疫苗等投入品检查管理，防止病原通过投入品进入场内。做好水禽健康状况巡查，及时清理并无害化处理病死动物及其污染物。做好养殖场清洁卫生，定期清理并无害化处理粪污等。

六、引种

做好引种准备工作，包括技术资料、场地、笼具、用品、饲料、药品、资金等。做好种源管理，尽量选择种源背景清楚的种禽场出产的种蛋和苗禽，背景不明的应严格进行隔离观察和检测，确认健康后方可引入。尽量避免近亲繁殖，因长期的近亲繁殖，可导致生产性能急剧下降，生产效益降低。

对各类水禽品种的生产性能和特性进行选择，是引种的基本出发点。引种者只有饲养高产、稳产、优质、低耗料的优良品种，才能取得较好的经济效益。一般说来，凡有较完善的良种繁育体系的原种场、祖代场和父母代场，均经各级主管部门核查验收，拥有《种畜禽生产经营许可证》，这样的单位是引种的最佳选择。此外，应注意到引种季节直接或间接影响到饲养周期、上市时期和价位，也影响到供种与引种的适时产销。禁止从疫区引种，在引种前必须了解拟去引种的地区有无流行的传染病，并采取应对措施。

七、消毒

人员、车辆、物品等出入场区要严格消毒，入口处应设置消毒池和消毒通道,人员携带的物品也要严格检查和消毒。要做好场内环境设施清洁消毒,场内道路应每天消毒,养殖设施每次使用前后应消毒,一次性使用器械要确认包装完好,并在有效期内。要做好水禽舍的定期消毒,定期做好供水、供料设施的清洁消毒,有效减少病原微生物的蓄积繁殖。

八、饲养管理

加强饲料营养,科学组方,合理选料,增加光照时间,满足不同时期如产蛋期的生产需要。减少应激,保持环境安静、空气新鲜、温度适宜。注意清洁卫生,保持舍栏干燥,减少病原污染,促进群体健康。严格实行"全进全出"饲养管理,切断疫病传播途径。加强管理,使幼禽形成良好的生活习惯,统一配料、管理、防疫、淘汰等,降低发病风险,提高成活率。

九、混合感染的防控

大多数感染过程都是由一种病原体引起(原发感染),由 2 种以上的病原体同时参与(继发感染)的称之为混合感染。鸭、鹅等水禽疫病混合感染类型主要有:病毒 + 细菌,如 H9N2 或 H7N9 流感病毒、免疫抑制性病毒 + 细菌;细菌 + 细菌,如大肠杆菌 + 鸭疫里默氏杆菌,大肠杆菌 + 产气荚膜梭状芽孢杆菌;寄生虫 + 细菌,如球虫 + 大肠杆菌 + 产气荚膜梭状芽孢杆菌。针对混合感染,首先是分清主次,发病以哪个为主,哪个是继发。其次应采取对应治疗的办法,先将主要疫病通过免疫、用药等加以控制,然后控制次要疫病。此外采取消毒灭原、改善环境、增强抵抗力等综合性措施,全面进行治疗和控制,最大限度消除疫病影响。

十、疫病净化

有条件的水禽养殖场可以根据自身情况开展疫病净化，尤其是种源性疫病的净化，往往有事半功倍的效果，可大大提升水禽的生产性能和经济效益。首先，针对不同疫病开展本底调查，一场一策制定相应净化方案并加以实施。其次，采取严格的生物安全、免疫预防、病原学检测、免疫抗体监测等措施，淘汰带毒（菌）动物，分群饲养，建立健康动物群。第三，对健康动物群（假定阴性群）加强综合防控措施，持续开展净化，逐步扩大净化效果，最终建立净化场。净化场的维持，要特别注意加强人流、物流管控，降低疫病传播风险；强化本场引种的检测，避免外来病原传入；建立完善的防疫和生产管理等制度，优化生产结构和建筑设计布局，构建持续有效的生物安全防护体系，确保净化效果持续、有效。

附录一：

水禽规模养殖场清洗消毒作业指导书

1. 目的

坚持“预防为主”方针，提高水禽场生物安全水平，预防和控制水禽常见疫病的发生和流行，确保水禽养殖健康。

2. 范围

水禽养殖场各相关区域。

3. 职责分工

3.1　水禽养殖场负责人总体负责清洗消毒等防疫工作。

3.2　水禽养殖场分管技术的负责人负责制定清洗消毒方案，并组织人员实施。

3.3　水禽养殖场全体人员按照分工，参与清洗消毒工作，严格执行清洗消毒制度。

4. 准备工作

4.1　消毒人员

根据水禽养殖场养殖模式和圈舍数量、分布等具体情况，合理确定清洗消毒作业人员。

4.1.1　全场全面消毒时，饲养人员负责各自工作区域的清洗消毒，其他各功能区的工作人员分别负责出入口（门）、饲料储存、粪污处理等区域消毒。

4.1.2　一般情况下，各区域人员不得跨区域进行消毒作业。特殊情况确需跨区作业时，跨区人员应在跨区处，按照生物安全相关要求，更换工作服、工作帽、工作靴（鞋），洗手消毒后，方可进入另一个区域进行洗消作业。

4.2 清洗消毒设备设施

4.2.1 清洗设备:有条件的可使用高压水枪,清洗效果最佳;条件有限的小型规模养殖场可使用简易水枪连接自来水管,代替高压水枪对相关物品和环境进行冲洗。

4.2.2 在生活区入口、生产区入口设置消毒通道,采取喷雾、紫外线照射等方法,对人员和物品进行洗消。

4.2.3 在更衣室及孵化场、种禽舍等重要场所门口,设置洗手和踏脚(消毒)盆,盆内应至少每天更换1次消毒液。

4.2.4 较大面积的消毒作业应配备机动(电动)消毒机,小面积消毒作业可配备电动消毒机或者手动喷雾消毒器。

4.2.5 根据消毒面积,配备不同容积的消毒液配制容器,例如5 L、10 L、20 L、100 L等。另外,配备耐腐蚀的塑料或木制的搅拌棍(板),在消毒液配制时搅拌均匀。必要时还要准备耐酸碱腐蚀的工作手套。

4.3 消毒药物准备

4.3.1 根据不同的消毒区域和消毒对象,准备不同的消毒药物,了解相关药物使用方法、稀释浓度和注意事项。

4.3.2 稀释用水尽量使用矿物质较少的洁净水。若使用自来水,则有条件的应提前将水放至敞口容器内晾晒1小时以上。

4.3.3 各区域工作人员按照要求使用相关容器和水源配制消毒液。特殊情况下,若水源水质较差(如河水、池塘水等自然水源),则可以按照消毒液使用说明书配比的中间或者上限数值稀释,以确保消毒效果。

5. 日常消毒

5.1 全场应定期做好消毒、杀虫、灭蝇、灭鼠等工作。

5.2 每次使用化学消毒剂前,要先进行卫生清洁,去除杂草、粪污等,以提高消毒效果。

5.3　对于场内生活区、生产区等各类道路，每月至少进行 2 次全面消毒。水泥或者砖铺路面可用相应的化学消毒液喷洒消毒。砂石和土质路面使用火碱（氢氧化钠）、生石灰消毒。

5.4　种禽场的孵化场所周围环境，应加大消毒频次。一般情况下，最好每天消毒 1 次；条件受限的，应至少每周消毒 1 次。

5.5　当地重大动物疫病风险较高时，使用合适的消毒剂，对水禽圈舍每天进行 1~3 次消毒，早晚进行地面消毒，中午进行带水禽喷雾消毒。注意当水禽群有呼吸道症状或在重要疫病的活疫苗免疫接种当天，不宜进行带水禽消毒。

5.6　出售水禽和禽蛋时，外部客户车辆不得直接进入禽场，必须进行彻底清洗和消毒后方可进入销售专区。用消毒过的本场笼具，使用本场运输工具运至销售专区，再转入客户的水禽笼，严禁外来水禽笼进入场区。

5.7　销售完毕后，立即对交易场地、运输工具、工作人员工作服、磅秤、笼具等进行清洗消毒；与外部车辆和人员接触过的工作人员应进行全身消毒，并更换新工作服。

5.8　已运出生产区但暂时未出售的水禽和禽蛋，不能直接运回场区。必须暂时在隔离场所隔离、消毒后，才能返回本场饲养或储存。

5.9　水禽粪和蛋壳处理：水禽舍内清理出来的水禽粪，应运到粪污处理场所或者指定地点集中堆放，并根据当地相关规定和本场设施条件等具体情况，进行无害化处理。孵化场所必须保持蛋壳池周围的清洁卫生，对蛋壳可采取深埋或发酵等方法处理。

5.10　水禽种蛋在验收后和入孵前各进行 1 次熏蒸消毒。

5.10.1　入孵前应注意种蛋在干燥的情况下才能进行熏蒸消毒。

5.10.2　在孵化过程中，可适时使用过氧乙酸喷雾消毒或使用福尔马林自然挥发消毒；旧式孵化机要及时清扫掉蛋，防止发臭；蛋库每周仔细打扫和消毒 1~3 次。

5.11　对水源或蓄水池每月至少消毒或清洗 1 次，保持饮水系统清洁卫生。可根据水质具体情况，选用合适的消毒药定期进行饮水消毒。

5.12　对于水禽场内有水禽活动用池塘、水库或者河流的，应定期进行消毒。

5.12.1　可使用生石灰或者二氧化氯等适合水体消毒的药物，每月对水体进行消毒 1 次。

5.12.2　消毒药要注意科学使用，避免浓度过大对水体及周边环境造成损害。

5.12.3　对于流动水体，要注意避免造成消毒剂无效使用或者消毒药随水流扩散到水禽场周边水域。

6. 空栏清洗消毒

6.1　空栏期应进行全面的卫生清洁和消毒。确保每栋水禽舍内部护栏、挡板、饲喂等设施冲洗干净和消毒彻底。清洗对象要做到眼观无水禽粪、无水禽毛、无杂物；消毒对象要做到能被药液湿润、浸泡保持 10~30 分钟。一般情况下，水禽舍以清洗消毒后空舍 20 天以上再继续使用为宜。

6.2　利用空栏期可对池塘、水面等进行彻底充分消毒。使用消毒药品时，注意分多点喷洒，最大程度保证消毒药均匀分散在水体各个位置，以求最佳消毒效果。

附录二：

鸭预防用生物制品

产品名称	批准文号
鸭传染性浆膜炎、大肠杆菌病二联蜂胶灭活疫苗（WF 株 +BZ 株）	兽药生字 150102198
鸭传染性浆膜炎、大肠杆菌病二联灭活疫苗（2 型 RABYT06 株 +O78 型 ECBYT01 株）	兽药生字 151722289
鸭传染性浆膜炎、大肠杆菌病二联灭活疫苗（2 型 RABYT06 株 +O78 型 ECBYT01 株）	兽药生字 151182289
鸭传染性浆膜炎二价灭活疫苗（1 型 RAf63 株 +2 型 RAf34 株）	兽药生字 151822202
鸭传染性浆膜炎二价灭活疫苗（1 型 SG4 株 +2 型 ZZY7 株）	兽药生字 190022211
鸭传染性浆膜炎二价灭活疫苗（1 型 RAf63 株 +2 型 RAf34 株）	兽药生字 020302202
鸭传染性浆膜炎二价灭活疫苗（1 型 RAf63 株 +2 型 RAf34 株）	兽药生字 100992202
鸭传染性浆膜炎二价灭活疫苗（1 型 RAf63 株 +2 型 RAf34 株）	兽药生字 220522202
鸭传染性浆膜炎三价灭活疫苗（1 型 ZJ01 株 +2 型 HN01 株 +7 型 YC03 株）	兽药生字 150252216
鸭病毒性肝炎弱毒活疫苗（CH60 株）	兽药生字 221012218
鸭病毒性肝炎活疫苗（A66 株）	兽药生字 100992214
鸭病毒性肝炎弱毒活疫苗（CH60 株）	兽药生字（2015）221012218

（续表）

产品名称	批准文号
鸭病毒性肝炎二价（1 型 +3 型）灭活疫苗（YB3 株 +GD 株）	兽药生字 150132259
雏番鸭细小病毒病活疫苗	兽药生字 190032047
番鸭细小病毒病、小鹅瘟二联活疫苗（P1 株 +D 株）	兽药生字 150132336
鸭坦布苏病毒病灭活疫苗（HB 株）	兽药生字 030382274
鸭坦布苏病毒病活疫苗（FX2010–180P 株）	兽药生字 070222314
鸭坦布苏病毒病灭活疫苗（HB 株）	兽药生字 160132274
鸭坦布苏病毒病活疫苗（FX2010–180P 株）	兽药生字 150132314
鸭坦布苏病毒病灭活疫苗（HB 株）	兽药生字 101082274
鸭坦布苏病毒病活疫苗（WF100 株）	兽药生字 150252276
番鸭呼肠孤病毒病活疫苗（CA 株）	兽药生字（2016）150132221
鸭瘟活疫苗	兽药生字（2016）150132023
鸭瘟活疫苗	兽药生字（2015）190592023
鸭瘟活疫苗	兽药生字 151822023
鸭瘟活疫苗	兽药生字（2016）030382024
鸭瘟活疫苗	兽药生字 070182024
鸭瘟活疫苗	兽药生字 070222023
鸭瘟活疫苗	兽药生字 200352023

（续表）

产品名称	批准文号
鸭瘟活疫苗	兽药生字 140392024
鸭瘟活疫苗	兽药生字 010372023
鸭瘟活疫苗	兽药生字 150102023
鸭瘟活疫苗	兽药生字（2016）100992023

附录三：

鸭治疗用生物制品

产品名称	批准文号
Ⅰ型鸭肝炎病毒卵黄抗体	兽药生字 020302264
Ⅰ型鸭肝炎病毒精制蛋黄抗体	兽药生字 230102230
鸭病毒性肝炎冻干蛋黄抗体	兽药生字（2015）163062199
鸭病毒性肝炎精制蛋黄抗体	兽药生字（2015）150432117
鸭病毒性肝炎精制蛋黄抗体	兽药生字（2015）150432064
鸭病毒性肝炎精制蛋黄抗体	兽药生字 080542148
鸭甲型肝炎病毒二价蛋黄抗体（1 型 +3 型）	兽药生字 151262277
鸭甲型肝炎病毒二价蛋黄抗体（1 型 +3 型）	兽药生字 020482277
鸭病毒性肝炎精制蛋黄抗体（LY-20 株）	兽药生字 160022148
鸭甲型肝炎病毒二价蛋黄抗体（1 型 +3 型）	兽药生字 153882277

附录四：

鹅预防用生物制品

产品名称	批准文号
番鸭细小病毒病、小鹅瘟二联活疫苗（P1 株 +D 株）	兽药生字 150132336
小鹅瘟活疫苗（GD 株）	兽药生字 180022025
小鹅瘟活疫苗（SYG41–50 雏鹅）	兽药生字 101042050
小鹅瘟活疫苗（SYG26–35 种鹅）	兽药生字 101042113

附录五：

鹅治疗用生物制品

产品名称	批准文号
小鹅瘟病毒卵黄抗体	兽药生字 020302270
小鹅瘟精制蛋黄抗体	兽药生字 230102118
小鹅瘟病毒卵黄抗体	兽药生字 151822286
小鹅瘟病毒卵黄抗体	兽药生字 080072286
小鹅瘟病毒精制蛋黄抗体	兽药生字 160022267
小鹅瘟病毒精制蛋黄抗体	兽药生字 020482267
小鹅瘟冻干卵黄抗体	兽药生字 163062234
小鹅瘟病毒卵黄抗体	兽药生字 020112286
小鹅瘟精制蛋黄抗体	兽药生字（2015）150432118